AF363521

EXERCICES GRADUÉS

DE

DICTÉE VOCALE ET ÉCRITE

Contenant plus de 1000

DICTÉES MUSICALES & EXERCICES ÉCRITS (DEVOIRS)

PAR

ALEXANDRE BRODY

Cet Ouvrage est divisé en 3 PARTIES qui se vendent séparément

CHAQUE PARTIE : 75 CENT. (FRANCO)

En vente la 1ʳᵉ PARTIE contenant 360 Leçons de Dictée et Devoirs

PARIS

Chez les principaux Éditeurs de Musique

Et chez l'Auteur, 16, rue de Lancry

DU MÊME AUTEUR

3ᵐᵉ ÉDITION

SOLFÉGE PRATIQUE

OU

NOUVELLE MÉTHODE DE LECTURE MUSICALE

Approuvé par le Directeur du Conservatoire National de Musique de Paris

Adopté pour les Classes par le Conservatoire Royal de Musique de Bruxelles

Renfermant des EXERCICES dans tous les tons et 110 MORCEAUX à 1, 2, 3 de 4 parties

extraits des œuvres des MAITRES ANCIENS ET MODERNES

A l'usage des ÉCOLES, ORPHÉONS, MUSIQUES D'HARMONIE ET DE FANFARE

1ʳᵉ PARTIE 75 C. NET. 2ᵉ PARTIE 1.25 NET (PAG. 30-88). 3ᵉ PARTIE 1.25 NET

LES 3 PARTIES RÉUNIES ET CARTONNÉES 3 FR. 50

NOTA. — Tous les Exercices et Morceaux sont écrits en clef de Sol et en clef de Fa

leur étendue restreinte les met à la portée de toutes les voix

Modèles d'Écriture musicale
d'après les Exercices gradués de Dictée vocale et écrite
par Alexandre Bródy
Corrigé des devoirs N.os 7_11 des „Exercices gradués de dictée vocale et écrite"
* Copier chaque exercice plusieurs fois.
Tous droits de reproduction reservés.

Autog: Di Giovanni 117 B.d Richard Lenoir.

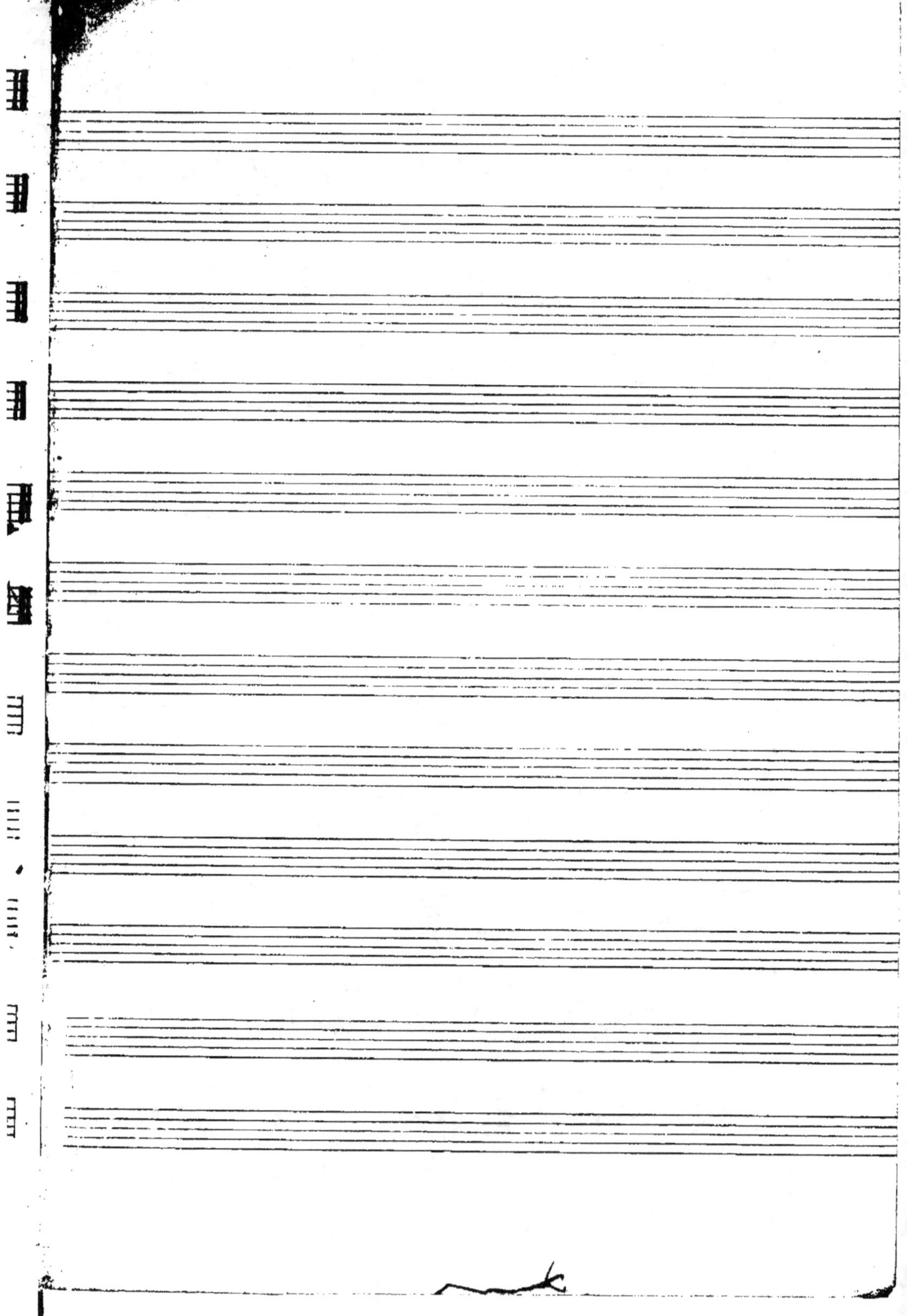